Aforismi Anonimi

A cura di Antonio Pittau

Dedicato
a tutti i pensatori
anonimi

La parola *"Aforisma"*
deriva dal latino aphorismus,
che è il greco aphorismós (definizione),
derivato di aphorízein (determinare),
composto di horizein.
Della stessa radice la voce orizzonte.
Breve espressione in prosa
che compendia in un'affermazione sintetica
il risultato di un'antica saggezza,
un concetto filosofico,
una riflessione morale,
un insegnamento o norma di vita.

Un uomo veramente libero, è chi può scegliere
la propria schiavitù.

Un saggio indiano disse: "se hai due monete,
con una compra del pane per il tuo corpo, con
l'altra dei narcisi per il tuo spirito".

Come vi sentireste se i vostri figli vi dicessero:
non vi preoccupate, vi promettiamo di fare
solo gli errori che voi non avete mai fatto?

Amico: la più bella cosa che tu possa avere e la
più bella cosa che tu possa essere.

Ci sono sempre più adulti che vanno in giro
con una targhetta di riconoscimento al collo.
Hanno paura di perdersi?

Il gioco è importante per il bambino come il
pane per crescere.

Non capisco, Franco, come tu possa avere così tanti problemi col il latino! È una lingua morta ... è vero; ma purtroppo gli insegnanti di latino sono sopravvissuti!

Felicità è avere ciò che si desidera, ovvero desiderare ciò che si ha: in entrambi i casi ... roba da pensionati!

La vita è un regalo di Dio. Grazie, ma forse bastava il pensiero.

Un vero amico riesce a non farti essere nessuno se non te stesso.

Cultura è ciò che resta quando ci si è dimenticato tutto.

Puoi anche alzarti molto presto ma il tuo destino s'è alzato un'ora prima.

L'amore è come un motore che deve essere
sempre curato.

Il silenzio delle parole è la morte dell'anima.

Non accade mai nulla che prima non sia
stato... un sogno.

Ogni tanto bisogna ricordarsi a noi stessi che
la vita è un lampo e che i nostri sogni non
devono rimanere solo un pio desiderio.

Se un Dio avesse fatto il mondo, questo
sarebbe senza dubbio il migliore di tutti; ma
non lo è, neppur da lontano; dunque non c'è
Dio.

Coraggiosi sono coloro che hanno la visione
più chiara di ciò che li aspetta, così della gloria
come del pericolo, e l'affrontano.

Tutti i nodi prima o poi vengono al pettine,
meglio fare il primo passo.

Mia suocera tiene i miei figli il sabato, in
compenso io tengo il suo tutti i giorni.

Se ti fermi ogni volta che un cane abbaia non
finirai mai la tua strada.

Non siate ingordi di avventure se non sapete
affrontare le sventure.

Se avessi tutto, non saprei dove metterlo!

Nessuno fa niente per niente, ma qualcuno
riesce a darne l'illusione.

Viene il tempo di fermarsi... di "bagnarsi" di
poesia... di sentirsi parte... di una sinfonia...

Le malattie sono più intelligenti di noi:
trovano la risposta ai nostri problemi molto
prima della ragione.

La vita è una tempesta, e prenderlo in culo è
un lampo.

Il sesso nella vita non è tutto ma quando non
riesci più a farlo incominci a morire.

Non c'è uomo che non mangi e non beva;
pochi, però, sono quelli che apprezzano il
buon sapore.

Tutti diciamo che il tempo passa. E non ci
accorgiamo che siamo noi a passare.

La vita è una torta bellissima, straordinaria,
però è fatta di merda, e prima o poi ti tocca la
tua fetta.

Dio ci ha dato la vita, tocca a noi darci alla bella vita.

Non bisogna temere la morte, ma piuttosto la strada che ci conduce a essa.

Bevi la vita a grandi sorsi, perché quando sarà finita, non ti sarà bastata.

Cerca di ottenere ciò che ami altrimenti sarai costretto ad amare ciò che ottieni.

L'uomo è l'animale religioso per eccellenza.

Non vi é felicità più grande, che vedere la felicità negli occhi dell'amato.

Anche il giorno più lungo ha il suo tramonto.

Non è una cosa incomparabile che il saggio
regoli le proprie azioni anche quando non vi
sono testimoni?

Della vita l'unica cosa che si lascia è il ricordo
nelle persone che ti hanno conosciuto!

Molte delle persone che desiderano
l'immortalità, non sanno cosa fare in un
pomeriggio di pioggia.

Si è giovani finché i progetti superano i
ricordi.

La vita è quello che succede mentre tu stai
facendo altri progetti.

Più grande è il tormento più grande è l'amore
… Ma alla fine di tutto ciò non ci rimane che
l'amaro costellato da inutili perché!

Il cuore regna dove la mente non arriva …
La mente rifiuta ciò che il cuore abbraccia …
Non sempre si trova la completezza!

È vero che qui in continente ci mettete la
panna sulle fragole? Al mio paese se non ci
mettiamo il letame col cavolo che crescono!

Vorrei un francobollo da seicento lire, chiese
un tale al tabaccaio; e aggiunge subito dopo:
potrebbe cancellare il prezzo? Sa, è un regalo.

Non c'è differenza tra sogno e realtà …
è soltanto un gioco di luci e colori.

Anche quando fa giustizia, la violenza è
ingiusta.

Non è necessario dire tutto quello che si pensa,
ma è necessario pensare tutto ciò che si dice.

Più le cose sono complicate più ci troviamo a volerle risolvere! Spesso desideriamo ciò che non possiamo avere ...

Di una donna mi colpiscono soprattutto le mani. Ho ancora i segni sulle guance.

Sono un equilibrista stanco che in punta di penna cerca di esibirsi in uno spericolato saluto, basterebbe un soffio per farmi precipitare di nuovo da te, ma tu non hai più fiato, hai urlato troppo.

I tempi non sono mai né belli né brutti; sono soltanto quelli che il Signore ci ha dato e che noi siamo chiamati a vivere e a realizzare nell'amore di Dio.

Bimbo mi chiedi cos'è l'amore? Cresci e lo saprai. Bimbo mi chiedi cos'è la felicità? Rimani bimbo e lo saprai.

Avevo il mondo in tasca, ma ho perduto la giacca.

Dove non c'è tigre anche la lepre spadroneggia.

Gli uomini veramente grandi non possono dubitare di un'esistenza futura, perché sentono in sé medesimi la propria immortalità.

Anche per mancare il bersaglio bisogna prendere la mira.

Che mondo sarebbe se i neonati potessero scambiarsi i trucchi che conoscono per condizionare gli adulti?

Chi confessa la propria ignoranza la mostra una volta, chi non la confessa, la mostra infinite volte.

Perché odiarsi di prima mattina quando si può
dormire fino a mezzogiorno?

Gli ideali sono come la stella polare, è
irraggiungibile, ma indica la retta via.

Il pazzo apre le vie che poi l'uomo savio
percorre.

Le donne... come i fiori... vanno "curate" ogni
giorno con "piccoli gesti" ... è innaffiate" a
"piccole dosi" ...

L'amore è la strada dove le nostre impronte
invece di seguirci ci precedono ...

Le donne, per quanto incantevoli possano
essere, hanno sempre un inconveniente, quello
di distrarre l'attenzione da quello e da quanto
si mangia.

La felicità è un rischio: bisogna averne il coraggio!

Per quale motivo tutti hanno paura di parlare di sesso? In fondo è il perno che fa girare l'universo!

La vita, talvolta è come un cammino: Il bello è che prima o poi finisce. Il brutto è lasciarlo incompleto!

Il vero uomo libero, non teme di perdere la libertà.

Felicità non è avere tutto ciò che si desidera, ma desiderare tutto ciò che si ha.

Le cose che si amano non si posseggono mai completamente. Semplicemente si custodiscono. E si tramandano.

Se non hai sofferto per una sconfitta, significa
che ne meriti un'altra.

Ho ancora tanto cammino da fare... ma sto
imparando... ad amare in tutte le
declinazioni... a coltivare Speranza... accogliere
le mie emozioni... accarezzare i miei sogni...
Vivere...

Il matrimonio è quell'istituzione che permette
a due persone di affrontare insieme difficoltà
che non avrebbero mai avuto se non si fossero
sposate.

Una donna che non vuol più amare per paura
del passato, rinnega la felicità, resterà sola e
triste, e renderà ancor più triste chi l'amerebbe
con il cuore.

Se non alzi gli occhi, crederai di essere nel
punto più alto.

Lascia aperta la porta del tuo cuore e anche tu
troverai la tua spiaggia dei sogni

L'uomo Grande... è colui che fa sentire grandi
coloro che gli stanno accanto.

Quando prendi calci in culo, vuol dire che stai
davanti a tutti.

Vuoi amare quel che hai, solo perché non
riesci ad amare ciò che hai.

L'arroganza è sempre figlia dell'ignoranza,
anche quando quest'ultima è vestita con i
lustrini della cultura.

L'uomo che dal profondo del cuore sente di
essere felice, spontaneo e generoso, vede tutto
il genere umano come un solo uomo da
aiutare e comprendere.

La boxe è spettacolo da quando c'erano
soltanto tre uomini sulla faccia della Terra:
due si picchiavano e il terzo li guardava.

La pigrizia non è altro che l'abitudine di
riposarsi prima di essere stanchi.

Muhammad Alì era leggero come una farfalla,
pungente come un'ape.

Dove l'anima vola l'amore vive per sempre.

Triste è il morire senza aver mai vissuto.

Quando il tuo cuore è triste vai avanti.
Quando senti di essere caduto non rimanere lì,
alzati, amati, stimati, perché vali oro. Quando
ti dicono: "non sei quello di cui ho bisogno"
rispondi: No, perché sono molto più di quello
che cercavi.

Aspettatevi l'inaspettato nella vostra vita romantica. Tenete presente che l'avventura si adatta alla passione come un guanto!

Trattate chi tiene il vostro cuore in mano con il massimo rispetto e cura, riceverete lo stesso trattamento per i vostri sentimenti.

Le donne sono brave in matematica, perché data un'equazione, prendono un membro, lo mettono tra parentesi, lo elevano alla massima potenza e poi lo riducono ai minimi termini.

Le ragazze intelligenti aprono le loro menti, le ragazze facili aprono le loro gambe, le ragazze sciocche aprono il loro cuore.

Un sorriso ha il potere di sciogliere tutte le tensioni, aldilà delle parole può rendere comprensibile il nostro animo in tutto il mondo.

Meglio essere folle per proprio conto che
saggio con le opinioni altrui...

La morte lascia un dolore che nessuno può
guarire, l'amore lascia un ricordo che nessuno
può rubare.

Ognuno è bello a modo suo, deve solo
accorgersene.

Non puoi commettere un errore due volte,
perché la seconda volta non è un errore, è una
scelta.

Il silenzio ha molte parole, molte più di quante
la nostra mente possa sopportare.

Il problema non è pensare male di una
persona ... il problema è poi accorgersi di aver
ragione ...!

Quando nei rapporti personali e familiari si cominciano a fare i conti, è tutto finito: l'amore o è gratuito o non è amore.

Il successo si misura oggi in soldi, è il prezzo dell'opera che determina la sua qualità, non il suo valore intrinseco.

La bellezza è ovunque, ma per capirla bisogna coltivare il proprio giardino interiore: l'eleganza è una questione soprattutto di testa.

Quando tutto il resto è perduto, il futuro continua a esserci.

O sei innamorato, o non lo sei. E' come la morte, o sei morto, o non lo sei, non... è che uno è troppo morto! Non c'è troppo amore, l'amore è lì, non si può andare oltre un certo limite e quando ci arrivi, a questo limite, è per l'eternità.

Chiamate. Chi amate. Chi ama te.

Le luci che brillano, i sonagli, i sorrisi...
L'atmosfera natalizia riempie il cuore di gioia.
Ma la cosa più bella è condividere tutto questo
con te: l'ingrediente fondamentale affinché sia
davvero Natale.

La chimica dell'innamoramento è molto più
che una lista d'interessi condivisi, ma un
vocabolario appropriato aiuta.

Un sorriso dura un attimo, ma il suo ricordo
può durare una vita.

Non siamo fatti per stare soli ma nemmeno
per stare con chiunque.

Lascia perdere la domestica se puoi arrivare
alla padrona.

Lasciar andare ciò che hai per aver ciò che vuoi.

Ciò che amo è il tuo sorriso che mi apre i sentieri del buio, ciò che amo è la tua immagine che tiene accesa la fiamma del mio cuore, ciò che amo è la fiducia che ho in te.

Per via del nostro aspetto, gli altri ci giudicano inoffensivi... e non appena si avvicinano, ce li mangiamo!

Gli asciugamani fanno il lavoro sporco mentre le salviette stanno a guardare?

Sorridi quando sei ferito, ridi quando hai solo voglia di piangere e stai in piedi quando l'unica cosa che ti sentiresti di fare è mollare tutto. Non dare mai la soddisfazione a chi ti ferisce di vederti giù.
Quindi alza la testa e vai avanti!

Ama coloro che sono nella tua vita e la
rendono straordinaria, ringrazia coloro che
hanno lasciato la tua vita e l'hanno resa ancora
più fantastica.

L'amore è come un profumo, facile da
mettere... difficile da togliere... impossibile da
dimenticare...

Perché tutti scriviamo per qualcuno. E il più
delle volte quel qualcuno non lo sa.

Perché la pace non sia solo una stagione... ma
il dono di un'intera esistenza.

Non innamorarti mai di una persona con una
luce più fioca di quella che ti occorre per
sceglierti il vestito.

Tutto va, tutto viene, niente rimane.

Chi pianta cortesia, raccoglie amicizia, chi
pianta gentilezza, raccoglie amore.

Quando gli operai si trovano, giocano a calcio.
Quando i capi si trovano, giocano a tennis.
Quando i dirigenti si trovano, giocano a golf.
Morale: più grande è il potere, più piccole
sono le palle!

Parla senza offendere, ascolta senza giudicare,
vivi e lascia vivere, ama e sarai amato.

Toglimi il pane, se vuoi, toglimi l'aria, ma non
togliermi il tuo sorriso.

È inutile temere ciò che non si può evitare.

Nel puzzle della vita ogni pezzo andrà
incastrato perfettamente. L'interezza dipende
da ogni frammento.

La salute è un tesoro che nessuno apprezza.

Grazie per esistere... grazie per ogni giorno
accanto a te... grazie per quel sorriso... per
quella mano... per essere tu!

Un uomo ti deve amare sin da quando apri gli
occhi, perché quello é il momento dove brilli
della tua luce migliore.

Il senso dell'umorismo è il senso della vita
percepito da una persona che ha sbirciato
dentro un abisso senza fondo e zitto zitto se
n'è tornato indietro.

Vivi ogni attimo fino in fondo perché molte
cose capitano una volta sola nella vita.

Il segreto della vita è godersi il passare del
tempo, e aiutare gli altri a essere felici.

Il libro è l'antiruggine del cervello, è il footing dell'anima, il solletico della fantasia.

Il ponte fra la disperazione e la speranza è una buona dormita.

Dietro una donna che cade in acqua ci si tuffa più volentieri se sono presenti delle persone che non osano farlo.

Le donne sono state inventate per confondere le idee agli uomini.

Sei speciale fino a quando servi, poi quando non servi più … non sei NESSUNO.

I critici d'arte? Molto più competitivi degli uomini d'affari, con un ego assai più grande dei politici. Sempre pronti a sgozzarsi a vicenda.

La verità rende felici.

Ridere è da liberi. Chi non sa sorridere è
schiavo, anche se comanda!

Non esistono problemi insoluti.
Esistono le decisioni sgradevoli.

Meglio un pesce d'aprile che uno squalo di
ferragosto.

Dio fece la donna per ultima perché non
voleva consigli mentre creava l'uomo.

La vita è come l'auto: se guidi tu va tutto bene,
altrimenti ti viene la nausea.

Ogni vita non dà alcuna promessa, solo
possibilità.

La donna è come il gatto: più l'accarezzi più gonfia la coda.

L'amore dell'innamoramento rinasce sempre, è eterno come la vita.

Le persone sono come la musica; alcune sono pura poesia, altre sono solo rumore.

Periodicamente si segnala l'importanza del bacio come beneficio scambio di batteri tra due sistemi immunitari e come test di compatibilità erotica tra due sistemi nervosi.

Il gioco della felicità consiste nel trovare il lato positivo anche dentro il pozzo più nero della disperazione.

Dio è giorno e notte, inverno e estate, guerra e pace, sazietà e fame.

Per quanto una situazione possa sembrare disperata, c'è sempre una possibilità di soluzione.

L'amore vuole tutto, anima e corpo, è esclusivo ed è geloso.

L'amore è come un fiore, va accudito e ben trattato. Il rispetto e la fiducia sono il sole che dà vita, gli abbracci sono il nutrimento, i baci l'acqua che disseta. Senza questi elementi anche il più grande, il più forte... muore!

Un genitore vale il più scarso dei suoi figli. Se uno prende il Nobel, ma l'altro viene derubato da una prostituta hai fallito.

Se è vero come è vero che gli occhi sono lo specchio dell'anima, la tua bellezza interiore dev'essere devastante, come il tuo sorriso angelico.

Un regalo pensato fa sentire chi lo fa più
vicino a colui che lo riceve. Però non è detto
che valga il contrario.

Bisogna imparare a stare soli, solo così si può
imparare a stare con gli altri, altrimenti ci stai
perché ne hai bisogno. Bisogna fare a scuola
un'ora di insegnamento alla solitudine,
imparare a bastarsi.

L'amicizia non ha né colore... né sesso né ceto
sociale... non si compra... si conquista... si
rispetta e si dimostra nel tempo!

Quando tutto attorno è buio non c'è altro da
fare che aspettare tranquilli che gli occhi si
abituino all'oscurità.

Il sole asciuga le mie lacrime e riscalda il mio
corpo, ma è solo udendo il suono della tua
voce che si scalda il mio cuore.

La vita è come una foto, se sorridi viene meglio.

La vita é solo un sogno sulla via della morte.

Una rana dice a un ranocchio: "Facciamo un girino?!".

Dio li fa, Chuck Norris li accoppa, MacGyver li aggiusta.

Ogni mano, per quanto piccola, lascia un'impronta nel mondo.

Se amore vuoi suscitare, sii te stessa e non dubitare.

Chi non ha darebbe e chi ne ha ne vorrebbe.

Il vero amore è il sentimento umano che
sconfigge la legge per cui tutto deve finire.

A chi più amiamo, meno dire sappiamo.

La bellezza dura fino alle porte, la bontà fino
alla morte.

Molte cose che aspetti ti stanno aspettando, se
non gli vai incontro non le avrai mai!

Le delusioni ci limitano l'esistenza, le speranze
la rendono infinita.

I ricordi fanno soffrire perché in noi è morta la
speranza di poterli rivivere.

La cosa che detesto di più è arrivare alla sera e
scoprire di aver solo perso tempo.

Il ciclismo è una metafora della vita, con le sue
salite e discese, con i suoi inferni e paradisi,
con le sue vittorie e le sue sconfitte.

L'amore è pazienza, tolleranza, umiltà,
coraggio, sacrificio, comprensione e rispetto...
tutti i giorni dell'anno!

L'Amore non è un attimo, un pensiero,
un'emozione....
è dentro un attimo grande quanto una vita...
è il pensiero che non cessa di pensare....
è l'emozione che si spoglia nel cuore....
L'Amore non prende niente se non di tutto
dona...

Il rapporto perfetto richiede attrazione fisica,
mentale e sentimentale.
Se manca una componente, il rapporto è
claudicante... se ne mancano due è
passatempo... se mancano tutte è puro
masochismo!

Fidati di te stesso, non ascoltare mai gli altri.
Gli altri non sono te e tu... hai un destino che
non è quello degli altri.

E mentre voliamo nel cielo della vita,
ecco che ci ritroviamo con le ali s...pezzate.
Ma risiede una forza dentro ad ognuno di noi.
Una forza che ci aiuta a ritornare in volo.
Senza timore, cerchiamola, perché esiste, là, in
quell'angolo più recondito di noi stessi.

L'amicizia che scorre dal cuore non può
congelarsi nelle avversità, così come l'acqua
che scorre dallo spirito non può ghiacciare in
inverno.

Amare è guardarsi negli occhi e capire ciò che
si vuole dire senza dir parola.

Non c'è follia più follia,
che una follia senza gusto!

Quello che non cambia in una vita può
cambiare in un attimo.

Non smettere mai di volare, perché è solo
volando che potrai realizzare i tuoi sogni,
anche quelli che ti sembrano impossibili.

Se la verità e il destino di ciascuno di noi sono
davvero scritti in un libro, è un pezzo che
vorrei avere nella mia libreria.

La rosa sbocciando fa colpo su tutti e tu hai
fatto colpo su di me.

Il sorriso: una curva che può raddrizzare un
sacco di cose.

Ti mando un fiume di abbracci, un mare di
baci e un salvagente, altrimenti affogheresti
dal bene che ti voglio!

Prima di parlare bisognerebbe pensarci due
volte. Prima di agire, cento.

Le cose migliori della vita sono invisibili. Ecco
perché chiudiamo gli occhi quando baciamo,
ridiamo e sogniamo.

È quando arrivi alla fine che capisci che
bisogna trovare un obiettivo tutto si pone
costantemente dentro di te.

La felicità si vive al passato, non ti rendi conto
di essere felice nel momento in cui lo sei, ma
solo quando non lo sei più.

L'amicizia è il raggio di sole che entra nel
cuore e ti fa vivere.

Non c'è differenza tra un uomo saggio e uno
sciocco quando si innamorano.

Raramente le cose vanno come le si desiderano.

Chi ha l'oro fa le regole.

L'amicizia è un profondo sentimento che nasce nel cuore e come specchi riflettono noi stessi.

Nessun essere umano è tanto in alto, quanto chi si abbassa per fare una carezza.

Vivi per quello che domani avrà da offrirti, e non per quello che ieri ti ha tolto.

Si affitta l'abitazione del terzo piano, la signora del secondo la fa vedere a tutti.

La penna della Poesia ha le ali di farfalla per scrivere le parole.

Il bello delle donne è che hanno paura, ma alla fine hanno il coraggio di fare tutto.

Il silenzio più eloquente: quello di due bocche che si baciano.

Ogni esperienza che faccio, la porto con me, è sempre qui! Appartiene al passato ed io lo so che i ricordi fanno male ma è bene viverli per capire dove si sbaglia e cercare di non commetterli più.

La verità è mentire nella maniera più credibile possibile.

La pazzia è una forma incontrollata di genialità.

Le tue parole e il tuo ricordo mi danno forza. Ci sarà sempre un posto per te nel mio cuore.

La vita è come un teatro, e molti, fidatevi, sono degli ottimi attori...

Non servono le parole, non servono nemmeno gli sguardi. Bastano la tua mano nella mia e le nostre dita intrecciate.

Poiché sei un uomo, non dire mai ciò che accadrà domani, perché più veloce del battere delle ali di un insetto è il mutare delle cose umane.

I sogni sono come le farfalle, se le tocchi con le dita perdono l'incanto di ogni loro colore.

Molti consigli avrebbero miglior esito, se i loro destinatari fossero più disposti a recepirli.

Le persone sono come luoghi: da alcuni scapperesti, in altri ci andresti a vivere.

Non è vero, come dicono molti, che si può
seppellire il passato. Il passato si aggrappa con
i suoi artigli al presente.

Non potrai mai domare un cavallo selvaggio.
Ma potrai sempre lasciarlo libero e imparare a
correre al suo fianco.

La vita è ciò che si fa di essa.

Non tracciar confini all'amore: i limiti che
vediamo, nascono dal fatto che non
conosciamo abbastanza della vita.

Lotta sempre per ciò che davvero desideri,
altrimenti sarai costretto ad accontentarti di
quel che troverai.

Le donne che vogliono l'uguaglianza con gli
uomini mancano di ambizione.

L'America è il solo Paese dove un povero
bambino negro, crescendo, può diventare una
ricca signora bianca.

La nostalgia è rendersi conto che le cose non
erano insopportabili come sembravano allora.

Voglio andare in vacanza nel posto più bello
del mondo.
Tra le tue braccia.

Pioggia, come lacrime nel mio cuore,
dolce il ricordo di attimi struggenti
e mi sembra di sognare.

La bellezza è opinabile, sulla bruttezza sono
tutti d'accordo.

Chi non crede nell'aldilà, è costretto ad
affidarsi all'aldiquà.

Regala un sorriso e avrai regalato l'immensità
della tua anima.

Se un giorno non dovessi più far più parte di
me, della mia vita, quel vuoto che lascerai sarà
più grande dell'universo e benché l'universo
sia pieno di stelle, non credo di poterne
trovare una che possa sostituirti perché tu non
sei un raggio, ma sei il sole: la stella più
grande e luminosa.

La vita è fatta di sogni...
l'uomo, in tutta la sua vita,
cerca di esaudirli ma non sempre ci riesce.
Non per questo smetterà mai di sognare...

Accontentarsi di un amore che non sa
pronunciare un "Ti Amo" sarebbe come
accontentarsi di un vino,
per quanto nobile, servito a quaranta gradi in
un bicchiere di plastica... Diventerei
immediatamente astemia...

Ti amo: vorrei gridarlo, ma non posso perché
tu ami lei. Tu che mi hai insegnato ad amarti,
ora insegnami a dimenticarti.

Non puoi scoprire nuovi oceani fino a quando
non hai il coraggio di perdere di vista la
spiaggia.

La vera forza nella vita non consiste nel non
cadere mai, ma nel rialzarsi e nel tentare di
nuovo tutte le volte che è necessario.

L'amore vero è sempre quello non corrisposto
dall'altra parte.

Un credente ha una dose di speranza e di
ottimismo che altri ne sono privi.

Gli addii peggiori sono quelli che non
vengono mai detti.

＊

Ogni abbraccio di un amico, ogni suo sguardo,
ogni suo sorriso, può racchiudere in sé tanto
calore, affetto e voglia di amare che nessun
altro al mondo ti potrà mai regalare.

＊

L'amore è follia. Ed è così tanto facile perdere
la testa quando si è già perso il cuore.

＊

È impossibile, disse l'orgoglio. È rischioso,
disse l'esperienza. È inutile, tagliò la ragione.
Provaci, sussurrò il cuore.

＊

Amore, io ti sto cercando ma non so dove,
ti cerco non ti trovo e mi dispero.
Ma tanto prima o poi ti troverò. Per davvero.
Allora si che sarà vita. Vita serena. Vita totale.
Vita completa.

L'amore è l'unico servigio
che il potere non può comandare
e che il denaro non può comprare.

Viviamo in un universo infinito all'interno di
un oceano di possibilità.

L'amore è la chiave universale
che apre tutte le porte.

É meglio stare da solo con tutte,
che solo con una.

È più facile trovare un ago in un pagliaio che
un vero amico.

Il mio pensiero è sempre verso di te!!
Ovunque tu sia io ti seguirò e ti raggiungerò...
ma mi raccomando... una volta che ti ho
trovato non lasciarmi andare via...
abbracciami e tienimi con te!

Si va così lontano che ci si ritrova al punto di
partenza.

I soldi danno un sacco di piacere:
sono colorati, frusciano,
e puoi palparli quanto vuoi.

La classe durante l'ora di pedagogia continua
a gridare "Fanno ooh" ogni qualvolta io
pronuncio la parola "I bambini" imitando
credo un noto cantante.

La conoscenza che deriva dalla nostra
esperienza sarà sempre incompleta e
temporanea.

Ho provato a essere perfetta ma la perfezione
non ha provato ad essere me, quindi sono
arrivata ad una conclusione: io sono perfetta, è
il mondo ad essere sbagliato.

Essere intelligente oggi significa convivere
naturalmente con idee misurate sul metro del
mondo.

L'amore è una cosa strana;
è proprio come un bacarozzo;
ti si attorciglia intorno al cuore
e ti si pianta sul gozzo.

Non c'è male peggiore del non sapersi
contentare, non c'è peccato più grande della
brama d'avere. Chi sa bastare a sé stesso è
soddisfatto.

Il nostro destino? Come quello di Sole e Luna,
un'eternità passata a inseguirsi senza
nemmeno la speranza che un giorno le loro
anime brillino insieme.

Non è affatto divertente non far nulla quando
non si ha nulla da fare.

La Terra è una colonia penitenziaria dove
dobbiamo scontare la pena per i delitti
commessi in un'esistenza precedente.

L'amore fa sì che le persone guardino il lato bello delle cose. Vedono anche quello brutto, ma siccome si sforzano di vedere quello bello, alla fine ci riescono.

Nasciamo tutti quanti matti. Qualcuno lo rimane.

L'amore assomiglia più all'odio che all'amicizia.

La paura di un uomo, di sposarsi non é quello di legarsi ad un'unica donna, per il resto della vita, ma quello di lasciare tutte le altre.

Che cosa é l'amore:
il primo nutrimento per vivere.

L'ottimista ama la vita,
il pessimista... la conosce!

Ho sentito dire che conoscere il passato è fondamentale per capire il presente e immaginarsi il futuro.

La lentezza della fila in autostrada è determinata da un numero di macchine più la macchina per (la vostra). Corollario: in qualunque fila sarete la vostra sarà sempre la più lenta.

Se sei pronto per l'amore, l'amore ti troverà.

L'uomo può essere distrutto ma non sconfitto.

Ti rendi conto che stai passando troppo tempo sulla Rete quando tua moglie dice che la comunicazione è importante in un matrimonio, e allora tu compri un altro computer e installi un'altra linea telefonica cosicché voi due possiate fare chat.

Oh! Non c'è la faccio più a sentirti solo per telefono, le mie labbra vogliono assaporare di nuovo le tue, il mio naso vuole risentire il tuo profumo e soprattutto i miei occhi mi chiedono di rivedere le tue movenze e i tuoi sguardi.

Magiche stelle del firmamento che fate corona a una luna d'argento, che il mio desiderio sia realizzato: portate a tutti un anno incantato!

L'amore e l'arte non abbracciano ciò che è bello, ma ciò che grazie al loro abbraccio diventa bello.

L'amicizia non è vedersi tutti i giorni, ma volersi bene tutti i giorni …
Con la certezza di esserci sempre.

Anche un verme di due centimetri ha un centimetro di anima.

Scrivere un messaggio sul web è come farsi un tatuaggio, solo un tatuaggio è più facile da cancellare.

È una peculiarità del presente giudicare il passato e diffidare del futuro.

Se fossi una barca a vela tu saresti il forte vento che mi fa navigare.

Evita piuttosto che deviare,
devia piuttosto che bloccare,
blocca piuttosto che ferire,
ferisci piuttosto che storpiare,
storpia piuttosto che uccidere,
perché ogni vita è preziosa,
ed una vita perduta è persa per sempre.

Ho amato fino alla follia, ma ciò che gli altri chiamano follia per me è l'unico modo di amare.

Amare alla Follia significa Amare con tutta l'anima e senza Rimpianti.

Se ci fosse una teoria generale dell'animo umano, alla sua base ci sarebbe l'empatia. La prima regola per impararla è spegnere ogni tanto il cellulare.

Se hai ragione non hai bisogno di gridare...

L'amicizia reca grande felicità con piccoli gesti.

Hai preparato i piani di volo? Hai ottenuto i permessi? Hai lucidato la scopa? Scusa se ti rammento i tuoi doveri, ma passata una certa età si tende ad avere dei vuoti di memoria.
(per la Befana)

Insegnare è il modo migliore per imparare.

Non vince la donna che corre dietro, ne quella
che scappa. Vince quella che aspetta.

Mi sono resa conto che la privacy non ha a che
vedere con quello che si fa, quanto piuttosto
con quello che non si fa.

Chissà se anche la luna nel suo totale gelo può
piangere.

Avere la coscienza pulita è segno di cattiva
memoria.

La vita è data per conoscere Dio, la morte per
trovarlo, l'eternità per possederlo.

Lunedì manda Martedì a casa
di Mercoledì per sapere da Giovedì
se Venerdì ha sentito da Sabato
che Domenica è festa.

L'intelligenza è sexy.
Fare l'amore con qualcuno d'intelligente
è molto più bello.

La cosa più bella che puoi sentire
in una persona... è la voglia di averti...
il desiderio di vederti... è sentirsi importanti
per qualcuno ... sentire che sei quel qualcosa
che ha reso migliore la sua vita!!

Sei come l'acqua dell'oceano.
Limpida e fresca su di me.
Liberami dall'unico peccato che mi concedo:
amarti.

Andare a letto da piccoli era una punizione,
andare a letto da vecchi è una benedizione.

Se gli androidi sognano di portarci via il
lavoro e noi continuiamo a costruirli, siamo
pazzi o abbiamo avuto un'idea meravigliosa?

Vivo la mia vita come fossi un treno in corsa.
Non rimpiango le fermate che ho lasciato alle
spalle, ma guardo avanti. Non supplico
nessuno di salire a bordo, ma faccio
accomodare in prima fila chi vuole davvero
farne parte.

Il cuore delle donne è come il cielo d'autunno.
Muta in continuazione.

Non pentirti... non giudicarti.. rimani quello/a
che sei.. perché non c'è niente.. di più bello al
mondo.. che essere sempre.. se stessi..

Tra mangiare, bere e dormire forse voi non ci
crederete ... non trovo un minuto per riposare
uff.

Chiudimi gli occhi, amore, che io possa
conoscere, in una lunga e sofferta attesa, il
percorso della tua fantasia.

Ama la vita che fai e fai la vita che ami.

Quando esco o entrano, i soldi fanno sempre
meno rumore?

Siate veri, siate voi stessi!
Smettetela di stare a guardare quello che fanno
gli altri, e pensate a quello che potete fare voi.

Forse non si ha voglia di essere,
forse si ha paura di divenire,
ma l'importante è che si è stati.

I sogni son come le stelle:
ti sembrano vicine, ma sono distanti per
questo ci fanno impazzire.

Non unire mai, amici con le donne
nello stesso contesto, sarebbe come unire
la benzina con il fuoco.

I fiori sono i messaggi d'amore che la terra
scrive per dirci che ci ama.

Non importa se ci conosciamo o no.
Nel momento del bisogno siamo tutti uguali.

Dobbiamo crescere i bambini mostrando loro
un'immagine d'amore.

Non è necessario cambiare la realtà, basta
cambiare i giornali.

L'amore è una caccia in cui il cacciatore deve
farsi inseguire dalla selvaggina.

Cara amica, tu ami, tu soffri, tu sei felice,
tu vivi i tuoi sentimenti, le tue emozioni,
tu hai bisogno di conforto, di una mano...
di un amico... Io, amica mia,
non sono forse come tè...?

Proprio come i più belli arcobaleni
nascono dalla pioggia,
le più belle lezioni nascono dal dolore.

Amare è saper scoprire, insieme,
quelle bellezze che son capaci
di spegnere il rumore, delle parole ...

Sei come una rosa... difficile da stringere, ma
bella come nessun altro fiore!

Buono non è chi non fa male ad alcuno,
ma solitamente colui che fa tutto
il bene che può.

Ha il sorriso di una donna. Ha il pianto di una
bambina. Ha la forza di un uragano.

Vivi appassionatamente e ama
incondizionatamente.

Il tempo si presenta come una raffica di
fotografie che per un secondo occupano il
campo visivo e invadono la nostra attenzione,
ma poi scompaiono sostituite da altre e da
altre ancora.

Una fotografia è sicuramente l'immagine di un
istante, vista con gli occhi di un artista.

L'amore non ha proprio età; si tratta di corpi,
di corpi che si desiderano.

Sei tu che permetti agli altri di ferirti.

… certe comparse da materasso scompaiono,
ma gli amori veri restano con te.

Gli altri ci definiscono sempre in qualche
modo, ma spetta a noi decidere se la
definizione è quella giusta.

Se guardi sempre quello
che ti sei lasciato dietro,
non riuscirai mai a vedere quello
che hai davanti...

Prima nei tuoi occhi vedevo le stelle...
ora ogni notte guardo le stelle
per ricordare i tuoi occhi.

Un piccolo bacio può racchiudere
l'amore più grande.

Se non si potesse condividere la bellezza
nemmeno esisterebbe.

Folle non e un aggettivo,
bensì uno stile di vita.

Una persona può asciugare le proprie lacrime,
ma non il suo cuore, mai.

L'illusione è solo un velo che distingue
l'immaginazione dalla realtà.
Togli il velo e vivrai il tuo sogno.

Vorrei essere per te quello che tu sei per me:
il desiderio, la paura, il sogno, il tormento, la
certezza, il dubbio, ..., il tutto, l'amore.

È inutile accanirsi per provare a risolvere
questioni che tanto solo vivendo, con il tempo,
riusciremo a comprendere.

Mai fidarsi delle mele:
Biancaneve stava per morire avvelenata.
Eva ha condannato l'umanità.
Steve Jobs ha trasformato la gente in zombie.

A me la Pasqua mi mette angoscia.
Conigli, Agnelli, Croce, Primogeniti Morti.
Sarà la primavera, il seme che spacca se stesso
per nascere.

Amarti è sentire che sei ovunque,
dentro le note di una canzone,
nel lento fluire di un fiume...
tu sei la mia eterna emozione.

Per essere veramente bello un bacio deve
significare qualcosa. Deve essere con qualcuno
che non riesci a toglierti dalla testa.

Scrivere non è semplicemente mettere
una dietro all'altra parole
più o meno sensate.

"Essere felice non significa che tutto è perfetto.
Significa che hai deciso di guardare oltre le
imperfezioni."

Non chiedere al maestro cosa c'è oltre la porta,
chiedi solo la chiave per aprirla.
E' tutto quello che può darti,
il resto dipende da te.

Il destino non è una questione di possibilità,
è una scelta.

La storia è lo specchio di ciò
che l'uomo ha fatto.

Tutto il denaro del mondo
non vale un vero amico!

Un uomo può essere padre, ma deve essere
una persona speciale per essere papà.

Il tempo passa veloce per tutti ...
scorre via come acqua di sorgente...
tu sorridi.. goditi questa giornata e tutti gli
altri giorni della tua vita...!

L'amicizia, una bella parola
che può diventare stupenda quando viene
condivisa con persone speciali.

Le cose che sono preziose restano nascoste agli
occhi di chi ha smesso di cercare le risposte.

L'amore non sa niente del passato o del futuro,
è nuovo in ogni istante.

Le critiche della gente piovono a dirotto.
Io apro l'ombrello e me ne fotto!

La vita è troppo strana.
Ci vuole la tristezza
per sapere cosa sia la felicità …
il rumore per apprezzare il silenzio …
e l'assenza per valutare la presenza.

A volte è necessario guardare la vita da una
prospettiva diversa.

Io adoro chi m'invidia
perché mi fa pubblicità gratis.

La vita è come un globo di vetro
con la neve dentro:
basta una piccola scossa per scatenare il caos.

Se per baciarti dovessi poi andare all'inferno,
lo farei. Così potrò poi vantarmi con i diavoli
di aver visto il Paradiso senza mai entrarci.

Trovarsi è una fortuna.
Non perdersi è un miracolo.
Non smettere mai di cercarsi è Amore.

Come si chiama quella cosa quando
ti gira la testa, ti batte forte il cuore,
fai sogni ad occhi aperti
e lo stomaco è in subbuglio?
FAME

Un gatto è infinitamente più divertente
della metà delle persone con cui ci tocca vivere
in questo mondo.

Le amicizie sono come le tette ...
Alcune sono grandi, altre sono piccole,
alcune sono vere e altre sono finte.

Non lasciare che i sogni siano la tua vita ...
ma fai della tua vita un sogno ...

Tanto più resistente è la corazza,
tanto più fragile è l'anima che la indossa.

Le persone speciali non si fanno vedere,
ma si fanno incredibilmente sentire.

I falliti si riconoscono subito, sono quelli che
cercano di far sentire in colpa gli altri per i
propri errori.

Non usare mai la vendetta, siediti e aspetta.
Quelli che ti fanno del male finiscono per
distruggersi da soli.

Meglio stare nella tana di 100 leoni che nella
bocca di una sola vipera.

La vita finisce quando non respiri più, per
tutto il resto c'è una soluzione.

Domandare è lecito, rispondere è cortesia, non
rompere le palline è cosa gradita.

Sei prigioniero della prepotenza di gente che
non dovrebbe neanche essere qui. Se pensavi
che qualcuno facesse qualcosa al tuo posto ti
sbagliavi di grosso. Nessuno reclamerà il
rispetto dei tuoi diritti, sei solo perché vuoi
esserlo, sei solo perché hai paura di ribellarti.

L'amore è un sentimento difficile da
comprendere. Dovrebbe portare pace e
serenità ed invece il più delle volte
fa soffrire, penare, piangere...
ma non si può vivere senza amare.

Perché almeno una volta ogni tanto, anziché la
cosa giusta, bisognerebbe fare la cosa che
rende felici.

La vita è un puzzle: bisogna incastrare bene i
tasselli per vivere sereni e felici. Non sempre ci
riusciamo al primo tentativo, a volte il tassello
giusto non lo troviamo mai.

Non avere paura di amare! Fallo e basta!

Il peggio delle persone frivole è che vogliono
sempre parlare di cose serie.

L'amore è l'intreccio di due cuori
e la fusione di due anime.

Mentre cerchiamo di insegnare ai nostri figli
tutto sulla vita, i nostri figli ci insegnano
che la vita è tutto.

Ascoltiamo la musica per sentire le parole che
non ci hanno mai detto.

Fu come essere colpito da un fulmine, che
diede vita al mio cuore, quando scoprii che in
questa vita non ero solo, c'eri tu, figlio mio. E
fu l'inizio dei giorni più belli della mia vita.

Cambiare è come indossare un nuovo vestito,
perché quello vecchio è troppo stretto.
In realtà non si perde la propria essenza,
ma si esalta.

Se confessi sei colpevole e se non confessi è
chiara la tua colpevolezza perché solo così
pensi di poter sfuggire alla "giustizia"!

Ti auguro che ogni tuo desiderio si avveri, che
sia Natale ogni giorno, che la serenità e la gioia
di questa Festa ti accompagnino in ogni istante
della tua vita.

Lieve scivola sulla mia bocca ogni tuo sospiro,
lieve scivola sui miei pensieri l'idea di noi due,
lieve scivola la speranza che la tua essenza
avvolga la mia.

I sogni esistono per essere realizzati, le
promesse per essere mantenute, le delusioni ...
per farci ricominciare a sognare.

Ad ogni età corrisponde un modo di amare
diverso, ad ogni età è consentito amare in
modi diversi, ma quando arriva il vero amore
diventiamo tutti bambini, puri, innocenti e con
la sola voglia di amare la vita.

La vita è solo metà dell'opera, l'altra metà
consiste nel viverla.

Gli amici sono come le stelle: anche quando il
cielo è coperto da nuvoloni più scuri,
sai che ci sono.

La musica si scioglie nelle vene, riempie di
colori la mente oscurata da suoni inutili e si fa
spazio ripulendo l'anima, per darle respiro,
sorprenderla ancora, donarle occhi per
guardare di più e mani per raccogliere i petali
che il fiore della vita seminò ovunque.

Non correre troppo, le migliori cose arrivano,
che tu le aspetti o meno.

L'amore è come l'ossigeno: te ne accorgi che ti
manca solo quando ne hai bisogno.

La lacrima è per l'1% acqua
e per il 99% sentimento.

La vita ti insegna che le persone con le tasche
più vuote ... hanno il cuore più grande.

Il silenzio è la parola dei nostri occhi.

Dentro una donna dorme un angelo, un
demonio, una principessa, una bestia,
un'amica e una stronza.
Quella che sveglierai è quella che avrai.

Cattivi si diventa dopo essere stati troppo
buoni con la gente sbagliata.

Chi non ha il coraggio di allargare i propri
orizzonti mentali, si ritroverà a fare le stesse
cose per tutta la vita.

L'amicizia è un po' come un libro …
ci sono amici solo per una pagina …
altri per un intero capitolo …
e poi ci sono quelli veri che sono presenti
per tutta la storia …

Mangia quello che vuoi, e se qualcuno
cerca di farti la predica per il tuo peso,
mangia anche loro.

L'amore ha sempre un nome, un sorriso
e un paio di occhi bellissimi.

Un cuore che batte ce l'abbiamo tutti, ma che
dona amore "Sincero" è tutta un'altra storia.

Ascolta la vertigine ai margini del tuo ego.
Ritrova ciò che eri prima di conoscere
il tuo respiro.

La parola "TI AMO" è in bocca di tutti
e nel cuore di pochi

Una persona cambia per due motivi: ha
imparato troppo o ha sofferto abbastanza.

Nella vita tutto torna. La cattiveria torna al
mittente, l'amore a chi lo ha donato, le bigie a
chi le ha dette, l'invidia a chi la sente ...
La ruota gira per tutti.

La felicità è come dipingere un quadro.
Se hai paura di sporcarti non farai mai un
capolavoro.

Il tacco dodici slancia il culo,
ma non il cervello.

L'amore non ha età perché il cuore non
invecchia mai.

Amate le persone, non le cose. Usate le cose,
non le persone.

Fai attenzione a chi aiuti, non tutti sono
riconoscenti.

Non importa quanto tempo passerà, se una
persona è stata importante, ti tornerà in mente,
poi sta a te decidere se ricordarla con un
sorriso o con una lacrima.

I treni che cambiano la vita esistono. Ma non si aspettano. Si guidano.

Sono una di quelle persone che ha bisogno di continue rassicurazioni. Se mi ami, dimmelo. Se ti manco, dimmelo. Se mi vorresti lì con te, dimmelo. Qualunque cosa ti passi per la testa. Dimmela. Ne ho bisogno, sempre.

Una delle cose più belle che la vita possa donarti è una persona che sa ascoltare le tue parole, interpretare i tuoi silenzi, e amarti per quello che sei.

Ai miei veri amici, alle persone che mi amano e mi hanno amato davvero, non siamo fatti per stare da soli ma nemmeno per stare con chiunque.

La pazzia non è un difetto, ma un pregio di pochi.

Una vera donna non fa rumore quando va via.
Sentirai dopo il rumore della sua assenza nel
tuo cuore e farà male da morire.

L'uomo che tratta la donna da principessa è
colui che è stato cresciuto da una regina ...

Ama la vita! Perché è l'unico regalo che non
riceverai due volte.

Trova qualcuno che apprezzi il peggio di te. Le
cose belle piacciono a tutti.

Nella vita, per quanto tu possa far bene,
troverai sempre qualcuno che avrà qualcosa
da ridire. Li chiamano punti di vista. Io li
chiamo punti di invidia.

... Domani sarà tardi per rimpiangere la realtà.
È meglio viverla ...

Chi mi fa male mi rende forte. Chi mi critica
mi rende importante. Chi mi invidia mi rende
superiore.

Tutti portano felicità ... alcuni arrivando, altri
andandosene!

Il bello delle donne è che hanno paura, ma alla
fine hanno coraggio di fare.

La vita mi ha donato il cuore. Il cuore mi ha
donato l'amore e l'amore mi ha donato Te, che
sei la mia vita!

Per ricordare chi sei, hai bisogno di
dimenticare cosa ti hanno detto di essere.

Vorrei stringerti forte a me
e non lasciarti più andar via!
Ti Amo!

Le emozioni non si spiegano... si provano!

State attenti alla nutella. Fa restringere i jeans.

Chi si diverte con due piedi in una scarpa
finisce sempre col camminare scalzo.

Non bastano tutte le parole del mondo
per esprimere quello che ...
Amore provo per Te!
Ti Amo.

Il tempo non conta per il cuore. Si può amare
anche stando lontani e quell'amore, se è vero e
pura, non morirà mai neanche fra mille anni.

Due persone se sono fatte l'una per l'altra
finiranno per trovarsi, a dispetto della
distanza, del tempo, e persino delle
circostanze.

La bellezza rimane solo uno schizzo …
è il carattere a rendere
una persona un capolavoro.

Ti amo perché sei tu, semplicemente tu.
Ti amo per noi, quel magnifico noi
che va al di là dei miei sogni.
Ti amo per me, per la me migliore
che fai emergere.
Ti amo per i sorrisi, quei sorrisi vitali
che ci doniamo.
Ti amo perché non potrei fare altrimenti.
Ti amo.

L'amore è una cosa bellissima e non si scorda
mai. Io penso a te come la speranza della mia
vita, il successo dei miei giorni.
Ti amo amore mio!

In ogni amico si lascia una piccola parte di sé,
sta a lui riconoscerla ed apprezzarla perché
possa non dimenticarti mai.

Baci avuti facilmente, si dimenticano
facilmente.

Amati perché nessuno potrà mai farlo
al posto tuo.

Non c'è discorso più bello di due sguardi che
si continuano a sfiorare con gli occhi.

A volte devi lasciarti guidare dal cuore,
anche se sai che ti porterà
dove non dovresti essere mai.

Un uomo rende la sua compagna gelosa delle
altre. Un gentiluomo rende le altre donne
gelose della sua.

Perché domandarsi, quando tutto va bene,
cosa potrebbe andare male?
Meglio godersi il momento magico.

Non voltare le spalle ad una donna
vivi la sua passione!

La vita è un bellissimo giardino, dove nasce e
cresce un bellissimo fiore, si chiama amicizia.

D come donna, come dedizione,
come devozione, come dono.
Il più bel dono che la vita dà ad un uomo.

Non giocare con il cuore di una donna ma con
le sue fantasie.

Tu sei quell'emozione che…
il mio cuore non potrebbe
mai fare a meno di sentire…
tu sei quell'amore a cui
io non potrei mai rinunciare…

Arrendersi all'amore è la sconfitta più bella.

I nonni sono il passato che vive nel presente; i
bambini sono il presente che vivrà nel futuro.

Cerchiamo l'equilibrio...
e ci innamoriamo di chi ce lo fa perdere...

Non lasciare a domani i baci
che puoi dare oggi.

Una delle cose più belle della vita
è vedere brillare di felicità gli occhi
delle persone che ami.

Si cucina sempre pensando a qualcuno,
altrimenti stai solo preparando da mangiare.

Quando sei realmente importante per
qualcuno, quella persona avrà sempre tempo
per te. Senza scuse, senza bugie e senza
promesse non mantenute.

La creatività è vedere qualcosa
che ancora non esiste.

La vita è come quando c'è scritto "aprire qui"
e tu te ne accorgi solo dopo aver rotto tutto.

✳

A volte il silenzio è la risposta migliore, perché
lascia a tutti la sensazione di avere ragione.

✳

A volte devi fingerti fesso per capire dove può
arrivare la gente che pensa di essere furba.

✳

La cosa più bella che ti possa capitare nella
vita è essere il rifugio di qualcuno.

✳

Dovresti vedere il mio sorriso
quando parlo di te.

✳

Ehi tu, mi manchi e tanto pure.

Erano due solitudini che si desideravano, ma
non sapevano rompere ciò che le divideva.

Dice una leggenda che se non riesci a dormire
la notte è perché sei sveglio nel sogno di
qualcun altro.

Una donna ha otto sorrisi:
uno quando ride davvero,
uno quando è nervosa,
uno quando ride ma dentro
ha una tristezza infinita,
uno quando è imbarazzata,
uno quando parla con gli amici,
uno semplicemente per educazione,
uno quando si prende in giro …
ed uno che è il più bello di tutti …
quando parla dell'uomo che ama.

Il sogno di ogni donna non è il principe
azzurro ma … mangiare dolci senza
ingrassare!

L'amore composto da un'unica anima
che abita due corpi.

Il regalo più grande che tu possa fare a
qualcuno è il tuo tempo. Perché quando regali
a qualcuno il tuo tempo, regali un pezzo della
tua vita che non tornerà mai più indietro.

La vera eleganza di una persona si svela nella
sottile coerenza tra ciò che fa e ciò che dice.

Impari presto che i sogni sono destinati a
infrangersi, ma chi se ne frega dei muri. Conta
il fatto che quando uno sogna, sta da Dio.
Conta il viaggio che il sogno ti fa fare. Conta
non stare mai fermi, non importa dove arrivi,
tanto poi devi ripartire.

La vera famiglia non è fatta solo di legami di
sangue … è fatta di quelle persone che
farebbero di tutto per vederti felice!

Una donna bella diventa irresistibile quando
non le importa di piacere a nessuno.

La felicità non è un traguardo
è uno stile di vita.

Nelle mie parole, ciò che penso. Nei miei
silenzi, ciò che sento.

È incredibile come un mondo pieno di persone
ti può sembrare deserto se una sola ti manca.

La vita è più dolce con te.

Se cambi il tuo modo di guardare le cose le
cose che guardi cambiano.

Un asino può anche fingere cavallo.
Ma prima o poi raglia.

Prima di dormire c'è sempre una persona
che abbracci col pensiero.

Un giorno qualcuno ti abbraccerà così forte
che tutti i tuoi pezzi rotti si attaccheranno di
nuovo insieme.

Tu forse non lo sai ma c'è qualcuno che
appena apre gli occhi la mattina ti ha già nei
suoi pensieri e ci rimani fino a sera quando i
suoi occhi non si richiudono.

Non posso sempre sorridere, ho anch'io le mie
giornatacce e non voglio qualcuno che si
innamori del mio sorriso, voglio qualcuno che
si innamori del mio broncio e mi faccia
sorridere.

Lei non era bellissima, ma era come arte. È
l'arte non deve essere bellissima deve farti
provare qualcosa.

Meglio pagare le conseguenze per essere
saltati su un treno in corsa, piuttosto che
passare la vita ad avere rimpianti per non
averlo fatto. La stabilità è rassicurante, ma
rischiare è l'unico modo che abbiamo per
strappare i nostri sogni da una stella e
racchiudergli nella nostra vita.

Non dico spesso "ti voglio bene", ma so
dimostrarlo. Secondo me l'importante è
questo. Il bene si dimostra con i fatti, non le
chiacchiere. Non amo deludere, preferisco
stupire.

Qual è la differenza tra "Mi piaci" è "Ti amo"?
La risposta di Buddha fu così semplice:
Quando ti piace un fiore, basta coglierlo. Ma
quando si ama un fiore, lo annaffi ogni giorno.
Chi comprende questo, capisce la vita.

C'è chi i tuoi desideri li esaudisce, chi li
intuisce e chi li scatena …

Sull'altalena, da solo, ti spingi e sei al sicuro.
Arriva qualcuno, ti spinge più in alto,
sei felice ma è più pericoloso.
Ecco, l'Amore.

Ci sono persone che ti abbracciano
senza toccarti … anche quando sono lontane
perché sono sempre nel tuo cuore …

Ci vuole un minuto per notare una persona
speciale, un'ora per apprezzarla, un giorno per
volerle bene, tutta la vita per dimenticarla.

Mai contraddire una donna in quei giorni.
E per quei giorni intendo quelli
che vanno dal lunedì alla domenica.

Ti ho cercato a lungo dentro i sogni
del mio cuore, e per caso ti ho trovato.
Sei diventata essenza del mio cuore
e sapore della mia anima.

La donna è un insieme di curve che fanno
raddrizzare un segmento!

Un gatto non farebbe mai amicizia con
qualcuno che non è ben disposto verso di lui. I
gatti non sbagliano mai sulle persone.

La matita del destino è nelle nostre mani.

Se guardi in faccia il dolore trovi la pace.

La fantasia è quella cosa che certe persone non
riescono neanche a immaginare.

La vita è un teatro ed il teatro è
ciò che la vita è.

La solitudine si può vincere, basta impegnarsi
e cambiare quello che siamo.

Le cose belle arrivano quando non le cerchi!

Un saggio una volta ha detto:
Se ami due persone, scegli la seconda.
Perché se tu amassi davvero la prima, la
seconda non sarebbe mai esistita.

Un sorriso è una curva
che raddrizza un sacco di cose.

Il segreto non è correre dietro le farfalle,
il segreto sta nel curare il tuo giardino
perché esse vengano da te…

Non abbatterti, abbattili.

Ti ha vista, ti ha conosciuta, ti ha voluta, gli sei
piaciuta, ti ha scelta, ti ha ottenuta, ti ha avuta,
si è stancato, se n'è andato … Si è pentito, è
tornato… Non ti ha trovata…

Referenze bibliografiche

Frasi tratte:
da letture di libri, riviste,
sentite in tv, da siti internet.